Título del libro: *Mujeres Resilientes de Fe Cristiana*

ISBN: 978-1-938432-52-1 (paperback)

ISBN: 978-1-938432-53-8 (Ebook)

Copyright © 2025 por Elizabeth Puello

Todos los derechos reservados. Ninguna parte de este libro puede ser reproducida, almacenada o transmitida en ninguna forma ni por ningún medio —sea electrónico, mecánico, fotocopiado, grabado o de otro tipo— sin el permiso previo y por escrito del editor o del autor, excepto lo permitido por la ley de derechos de autor de los Estados Unidos.

Descargo de responsabilidad

JDN/EDUCATE Publishing es una plataforma de autopublicación que permite a los autores publicar sus obras sin necesidad de pasar por un proceso de selección editorial.

Los autores son responsables exclusivos del contenido de sus obras. JDN/EDUCATE no necesariamente comparte ni respalda las opiniones expresadas en este libro. No nos hacemos responsables de errores, omisiones o consecuencias derivadas de su lectura. Los lectores deben ser conscientes de que el contenido de este libro es responsabilidad exclusiva del autor.

Diseño de portada y contraportada: JDN PUBLICATIONS **Fotografía de fondo:** tomada por Elizabeth Puello, arreglos de background y foto de fondo modificados por JDN usando *canva.com*

Impreso en los Estados Unidos de América

MUJERES RESILIENTES
DE FE CRISTIANA

ELIZABETH PUELLO

ÍNDICE

Nota Al Lector De   vii

Dedicatoria   1
Agradecimiento   3
Introducción   5
Levántate y Camina   9
"La Fe En Dios Es Tu Mejor Recurso"
Capítulo Uno   11
¿Qué es Resiliencia?
Capítulo Dos   15
Cualidades de Una Persona Que Tiene Fe
Capítulo Tres   17
El Fruto del Espíritu Y Su Gran Importancia En La Resiliencia
Capítulo Cuatro   21
Uno De Los Ejemplos De Resiliencia En La Biblia
Capítulo Cinco   23
¿Cómo Aprendí Sobre La Resiliencia?
Capítulo Seis   27
Casos De La Vida Real
Capítulo Siete   53
La Fe
Capítulo Ocho   57
Algunas Mujeres De Fe En La Biblia
Conclusión   63

Acerca del Autor   67

NOTA AL LECTOR DE

MUJERES RESILIENTES DE FE CRISTIANA

Para este libro han sido tomados los datos de las entrevistas realizadas durante la tesis **"Resiliencia en Mujeres de Fe Cristiana"**, la cual fue publicada en la Universidad Autónoma de Santo Domingo, en el año 2011, por Elizabeth Puello en República Dominicana. En dicha tesis se estudió una muestra de 7 mujeres que practicaban la fe cristiana. Luego de 11 años, en el año 2022, estas mujeres continúan practicando la fe cristiana y levantándose en cada caída, demostrando que su fe en Dios es la que las fortalece para no quedarse como víctimas del pasado, y venciendo los nuevos obstáculos que aparecen en el presente. Tres años más tarde (2024) estas mujeres continúan siendo resilientes por encima de las adversidades de la vida, siempre positivas y confiadas con fe en Dios de que las cosas irán mejor, y cuando no mejoran reinventan algo más o diferente.

DEDICATORIA

Dedico este libro a esas siete mujeres, que con su testimonio de vida han demostrado que la Fe en Cristo Jesús debe ser lo más importante en nuestras vidas, para poder levantarnos y seguir hacia delante. También lo dedico a todas las personas que lean estas páginas, esperando en Dios que cada una sea ministrada y fortalecida en su fe por el Espíritu Santo.

AGRADECIMIENTO

Agradezco a Dios por permitirme escribir estas líneas, "todo te lo debo a ti amado Dios", Tú eres mi todo, eres mi fortaleza en medio de las dificultades y las tormentas, Tú eres quien me ha levantado en cada caída y me has ayudado a limpiar las cenizas de lo destruido, para construir cosas nuevas.

INTRODUCCIÓN

El ser humano desde su nacimiento, casi a lo largo de toda la vida, se ve expuesto a diferentes dificultades que pueden afectar su vida espiritual o emocional, y hasta su integridad física. Todos de una manera o de otra hemos enfrentado dificultades, pero la cuestión no es qué tipo de dificultad atravesemos, sino cómo podemos enfrentarlas, si la tomamos como fuente de aprendizaje o como una desgracia. Jesús dijo: *"En el mundo tendréis aflicciones, pero confiad, Yo he vencido al mundo"*. Esto quiere decir que, aunque las cosas se tornen difíciles, no tengamos miedo y seamos valientes y confiemos en Él, es necesario mantener la fe en Jesús para poder seguir adelante.

Muchas personas han tenido desgracias irreparables en sus vidas como violaciones, violencia, pérdida de algunas de sus extremidades, pérdida de la salud, hasta la pérdida de toda sus pertenencias y su familia, pero esto no las ha detenido, esas personas han tenido qué usar su creatividad y sobre todo usar la fe en Dios qué es la que nos ayuda a resistir para poder seguir hacia delante.

Quedarse sintiendo el sufrimiento para toda la vida, no te va a aliviar el dolor ni a resolver tu problema. Creer que todo lo puedes en Cristo porque Él te fortalece, dará una nueva dirección a tu vida y tendrá paz aun en medio de la tormenta.

En el año 2009 ingresé a la Universidad Autónoma de Santo Domingo para hacer una maestría en terapia familiar. Recuerdo aquel día cuando mi esposo llego del trabajo y me mostró un pequeño recorte de periódico en el que decía los detalles sobre "un curso que iban a impartir", mi esposo pensó que era un curso más de esos que yo hacía, resultó ser una maestría, llamé a la oficina, estaba muy emocionada, pero cuando me dijeron el precio a pagar pensé que no iba a poder lograrlo, tuve fe en Dios e hice los trámites y me inscribí.

Empecé a asistir a las clases, fue un gran reto, aparte de los pagos tenía dificultades, ya que tenía un niño de diez años y una niña pequeña de tan solo 11 meses de edad, también trabajaba y estaba finalizando mi segunda licenciatura en psicología escolar, eran muchas cosas a la vez, pero quería la maestría, era uno de mis sueños como profesional.

Pensé que lo que estaba estudiando era para ayudar a otros, pero realmente me llevé una gran sorpresa, esta maestría primero trabajó en mi vida. Allí conozco un grupo de maestros y maestras que me enseñaron cosas maravillosas para mi diario vivir y también para ayudar a otros.

Mi vida empezó a cambiar y comencé a ver la vida desde otro punto de vista, ya era psicóloga, pero la terapia familiar me ayudó a entender que las personas solo tienen que ser funcionales, no perfectas, también me ayudó a aceptar mis debilidades, mis triunfos y mis fracasos y a estar dispuesta a mejorar mis debilidades.

LEVÁNTATE Y CAMINA

"LA FE EN DIOS ES TU MEJOR RECURSO"

Levántate y camina, solo mira al frente, cuando vayas a mirar hacia atrás solo hazlo para tener cuidado de no repetir la misma historia o de no caminar por el mismo camino donde te caíste. No hurgues tus heridas para maltratarte, solo te puede funcionar curarlas y limpiarlas hasta que cicatricen, de tal manera que cuando mires esas cicatrices pienses

"Eso es lo que viví en el pasado, pero ya no me duele, ya mis heridas sanaron, con esas marcas ahora puedo mostrarlas a otras mujeres para evitar que pasen por lo que yo pasé, y si lo están viviendo en el momento las puedo ayudar a salir victoriosas con su fe en alto de que las cosas pueden ser diferentes."

CAPÍTULO UNO

¿QUÉ ES RESILIENCIA?

"El concepto resiliencia, se usa en la mecánica para indicar la *"Propiedad de la materia que se opone a la rotura por el choque o percusión»*, y que el Larousse define como «índice de resistencia al choque de un material".

En su ensayo Cyrulnik plantea la resiliencia equivalente a *"resistencia al sufrimiento"*, y señala tanto la capacidad de resistir las magulladuras de la herida psicológica como el impulso de reparación psíquica que nace de esa resistencia.

El vocablo *"Resiliencia"* tiene su origen en el latín *"Resilio"* que significa volver atrás, volver en un salto, rebotar". Cyrulnik, (2005).

En física, resiliencia es la capacidad de un material para recobrar el tamaño original luego de una deformación.

En las ciencias sociales la palabra resiliencia es la característica de aquellas personas que, a pesar de nacer y vivir en situaciones de alto riesgo, se desarrollan psicológicamente sanas y exitosas.

Entonces resiliencia es resistirse a los cambios que traen las situaciones de vida, es no perder el estado original, no perder el equilibrio ni la fe, aunque lo pierdas todo, es seguir caminando hasta llegar a la meta, sin importar los obstáculos que puedan aparecer en el camino.

Cualidades de una Persona Resiliente

De acuerdo con los especialistas que hablan de la resiliencia, una persona con características resilientes es capaz de tener relaciones sociales constructivas, tiene un sentido de sí mismo positivo, tiene sentido de esperanza frente a las dificultades, extrae significado de las situaciones difíciles, tiene iniciativa y se fija metas posibles de alcanzar.

Estudios de resiliencia han demostrado que a las personas resilientes les gusta prestar servicios a otros o a alguna causa, tienen control de sus impulsos, no son personas amargadas, son personas que tienen buen sentido del humor, y que no usan su humor para burlarse de los demás, sino para alegrarles la vida.

También las personas con capacidad de resiliencia no son dependientes en su totalidad de los demás, son autónomas, generalmente son positivas, y son personas que muestran flexibilidad ante los demás, también tienen capacidad para aprender de las dificultades y para automotivarse, no son personas que están esperando que otros vengan a motivarlas.

¿Cómo se Logra Poseer Esas Cualidades?

Particularmente creo que todas estas cualidades se pueden conseguir a través de la fe en Dios. He visto muchas personas que luego de aceptar a Cristo como su único y suficiente salvador su vida cambia, personas que ellas mismas han testificado cómo vivían una vida aburrida, sin esperanza, eran personas rígidas, sin motivación sin sentido del humor, ahora son personas alegres motivadas que ven la vida desde otro punto de vista, y los problemas lo toman como fuente de aprendizaje para ayudar a otros.

Existen personas que aun teniendo todo, y teniendo riquezas, pueden carecer de cualidades resilientes. Incluso hemos visto en la televisión y en las redes sociales famosos que han dado su testimonio en el que expresan su cambio de vida, personas que aun siendo famosas eran amargadas e infelices, y tenían que usar drogas para sentirse bien, pero decidieron no vivir de apariencias, y encontraron una nueva vida en Cristo Jesús que les ha hecho entender qué la vanidad y la apariencia no es lo que da felicidad a la vida del ser humano, personas que para el público tenían una vida feliz y productiva pero, se dieron cuenta que cuando cerraban la puerta de su casa, allí solitos en su habitación, en su corazón había un vacío qué la fama y el dinero nunca pudieron llenar.

CAPÍTULO DOS

CUALIDADES DE UNA PERSONA QUE TIENE FE

Una persona que tiene fe es aquella que no necesita pruebas para creer en lo que va a recibir. La fe es creer en lo que no tienes en tus manos, es creer que lo que es imposible será posible, pues es creerle a Dios para poder agrandarlo, porque dice su palabra que sin fe es imposible agradar a Dios.

Una persona que tiene fe no se detiene por lo que escucha, no se detiene por las burlas, sigue creyendo que lo que Dios prometió lo cumplirá, tiene seguridad de que lo va a lograr, y está convencido de que lo que no existe será materializado, porque ya existe en el mundo espiritual.

Dice la palabra de Dios que lo que se ve fue hecho de lo que no se veía, entonces debemos creer que Dios puede hacer posible cualquier cosa que nunca haya existido, porque para él hacer algo no tiene que estar presente en la existencia, él lo forma de la nada.

Una persona que tiene fe tiene el fruto del espíritu. Creo que las cualidades de una persona resiliente están en la Biblia, en Gálatas 5:22-24:

> *Mas el fruto del Espíritu es amor, gozo,*
> *paz, paciencia, benignidad, bondad,*
> *fe, mansedumbre, templanza; contra*
> *tales cosas no hay ley.*

Pero los que son de Cristo han crucificado la carne con sus pasiones y deseos.

Cualquiera puede pensar que la fe es solo uno de los frutos del Espíritu, pero fíjese cómo dice "el fruto del espíritu", no "los frutos del espíritu", esto quiere decir que es como una cadena llena de eslabones, si falta un eslabón la cadena se rompe. Para que sea el fruto del Espíritu, debemos tener todos los componentes que menciona el apóstol Pablo en su carta a la iglesia en Galacia.

CAPÍTULO TRES

EL FRUTO DEL ESPÍRITU Y SU GRAN IMPORTANCIA EN LA RESILIENCIA

Si la resiliencia es la capacidad para resistir en las dificultades, entonces el fruto del Espíritu es un elemento muy importante en la resiliencia, comencemos a describir el primero:

Amor

Amor es lo contrario al resentimiento y a la falta del perdón, Dios nos perdonó por amor, no por lo que merecemos, de ser por lo que merecíamos, no estaríamos aquí. Una persona que tiene fe ama a su prójimo y aún a sus enemigos como lo indica la palabra de Dios, que debemos amar a nuestros enemigos, no es que andemos abrazaditos con nuestros enemigos, pero sí perdonarlos y si en algún momento necesitan nuestra ayuda brindársela como dice la palabra de Dios, si tu enemigo tiene hambre dale de comer, si tuviere sed dale de beber.

Gozo

Gozo es la alegría profunda que no depende de las circunstancias ni de las ofensas que recibe la persona, por ejemplo: Pablo y Silas en lo más profundo de la cárcel cantaban con gozo en su espíritu, David siendo perseguido por su propio hijo adoraba a Dios, sí tenemos el gozo del Señor no tendremos amargura, aún en las tribulaciones sentiremos el gozo de servirle a Él.

Paz

Paz, esa calma interna que sentimos, aunque estemos en una tormenta o en una guerra, esa paz que no te asusta y no te causa turbación, esa paz que mostró Jesús cuando lo maltrataron cuando fue ofendido y nunca se defendió, solo dejó que la voluntad de su padre se cumpliera en Él. Dijo Jesús en Juan 14:27

> *La paz os dejo, mi paz os doy; yo no os la doy como el mundo la da. No se turbe vuestro corazón, ni tenga miedo.*

Paciencia

Paciencia es la capacidad para esperar con calma, para no desesperarse, no tomar ninguna acción por impulso, es esperar el tiempo de Dios. Lo contrario a la paciencia es la desesperación, cuando no tienes paciencia estás en riesgo de caer en ansiedad, y la ansiedad puede llevar a la depresión. Es necesario descansar en Dios y depositar todas nuestras ansiedades en él, porque él tiene cuidado de nosotros, como dice 1 Pedro 5:7.

Benignidad

Benignidad es tener buena voluntad, compasión, simpatía hacia los demás, y esto no se trata de hacerlo a quién lo merece, es ser benigno aún con el que no lo merece. Dios nos ama no porque somos buenos o porque lo merecemos, Él nos ama por su compasión, por su misericordia, por su benignidad.

Bondad

Bondad es la cualidad de ser bueno, tendencia a hacer el bien debo hacer bien a los que me han hecho mal, perdonar a un a quién no se lo merece yo no merecía el perdón de Dios, Él quiere que yo haga con los demás lo mismo que hizo conmigo.

Fe

Fe es como ya explicamos anteriormente, en la Biblia en el libro de Hebreos dice: Es pues la fe la certeza de lo que se espera, la convicción de lo que no se ve. La fe nos ayuda a creer en lo que Dios nos ha dicho a través de su palabra, nos ayuda a hacer su voluntad, te ayuda a perdonar, aunque no sientas nada, Eso no es cuestión de sentir, se trata de creer y actuar.

Mansedumbre

Mansedumbre es ser dócil y suave, en ocasiones creemos que debemos defendernos a cada momento que nos ofenden, y estamos alerta para responder, hay ocasiones en las que debemos permanecer en silencio y aprender de Jesús que aun siendo Dios muchas veces no se defendió, ni abrió su boca. Mateo 11: 29-30 dice: llevad mi yugo sobre vosotros, y aprended de mí, que soy manso y humilde de corazón; y hallaréis descanso para vuestras almas; porque mi yugo es fácil, y ligera mi carga.

Templanza

Templanza es tener sobriedad y moderación de carácter, hacer las cosas con moderación. Debemos ser prontos para oír y tardos para hablar y actuar. Cuando Pedro le cortó la oreja al siervo del sumo sacerdote, no actuó con templanza. Aún en los malos momentos, o momentos de aflicción, debemos actuar con templanza y moderación.

Que el Señor nos ayude a mantener el fruto del Espíritu en nuestras vidas.

CAPÍTULO CUATRO

UNO DE LOS EJEMPLOS DE RESILIENCIA EN LA BIBLIA

En la Biblia tenemos ejemplos de resiliencia de personas que a través de su fe pudieron levantarse y seguir hacia delante. Tenemos el ejemplo de Job que aun habiendo perdido todo; sus hijos, su ganado, todos sus bienes, y aún su propia mujer le dijo maldice a tu Dios y muere.

Este hombre, aun habiendo perdido todo, hasta la salud, decidió seguir hacia adelante por fe, él creía que las cosas iban a ser diferentes, y que iban a cambiar, parecía como que no había esperanza para recuperar nada de lo que había perdido, se veía imposible, pero esto es la fe, creer en que lo imposible puede ser posible.

Me llama mucho la atención cómo después de todas estas calamidades que pasó, a este hombre le es multiplicado todo lo que tenía, aún sus hijas eran las más hermosas, y después de todo esto dice que vivió Job 140 años y vivió hasta la cuarta generación. La fe de Job nos da fortaleza, es tan lindo leer cuando aún en medio de su dolor él dijo:

> *"Yo sé que mi redentor vive y al fin se levantará sobre el polvo; y después de deshecha está mi piel en mi carne, he de ver a Dios".*

CAPÍTULO CINCO

¿CÓMO APRENDÍ SOBRE LA RESILIENCIA?

Cuando estaba en la Universidad cursando mi maestría, una de las asignaturas que más me llamó la atención fue *"Marco Comunicacional existencial de Virginia Satir"*, esta asignatura fue impartida por una gran maestra la cual aprecio y admiro mucho, ella es la maestra Josefina Romero.

Con ella aprendí sobre la resiliencia, descubrí que he sido una mujer resiliente, y por esta razón he podido levantarme en cada caída.

Siempre creí que el principal elemento de la resiliencia es la fe, por eso cuando realicé mi tesis introduje el capítulo completo de la Biblia de Hebreos 11, el cual habla de la fe.

Esto me causó problemas, porque de acuerdo con lo que me decía la asesora, mi tesis se veía muy religiosa. Hasta que por fin con muchas oraciones fue aceptado. Terminada la tesis, durante la evaluación me restan algunos puntos, los cuales, de acuerdo con ellos, eran porque yo quería asegurar que la fe es resiliencia y ella (la evaluadora) me dijo que la fe no es la resiliencia.

La Confirmación de que la fe es Resiliencia

Para la revisión de la literatura el autor principal que usé en mi tesis "Resiliencia en mujeres de fe cristiana" es Boris Cyrulnik, neurólogo, psiquiatra, psicoanalista. Este es un escritor muy conocido a nivel mundial. Los estudios de este hombre y sus libros tienen mucha credibilidad en la universidad que estudié y creo que también a nivel mundial, él es un gran especialista en lo que tiene que ver con la resiliencia.

Once años más tarde me encuentro con uno de sus libros publicado en el 2018 con el tema *Psicoterapia de Dios, La Fe Como Resiliencia*, me llama mucho la atención porque en ese libro él dice que

> "Dios se convierte en un tutor de resiliencia y que Dios es una figura protectora y una extensión del amor de los padres".

Cuando vi este libro me alegro mucho y me sentí motivada a leerlo, pues 11 años atrás alguien me decía que la fe no es resiliencia, todo el tiempo he estado convencida de que la fe es el combustible para la resiliencia, porque es la que me ha ayudado a levantarme a seguir hacia adelante no importando las adversidades, los problemas, las dificultades, pues bien claro que lo dice la palabra de Dios,

> *"Es pues la fe la certeza de lo que se espera y la convicción de lo que no se ve."*

Cuando una persona es resiliente cree que va a recibir lo que no tiene, cree que las cosas van a pasar, cree que las situaciones no son para toda la vida, cree que las cosas serán mejor aunque todo está oscuro, y así pasa cuando tenemos fe, creemos que recibiremos lo que no tenemos en las manos, tenemos esa seguridad esa confianza de que lo lograremos, y eso nos ayuda a levantarnos y a seguir hacia delante.

Esta tesis llamada *"Resiliencia en mujeres de fe cristiana"* es la primera en su tipo en la universidad donde realicé la maestría. Al concluir mis estudios, y aceptado el tema por mi asesora bajo muchas dificultades, realicé una investigación con siete mujeres, las cuales habían sufrido abusos, violencia, abandono, violaciones y maltratos.

Estas mujeres en ese momento practicaban la fe cristiana. Durante la investigación mi objetivo personal fue demostrar que la fe en Dios te ayuda a levantarte y a seguir hacia adelante, en otro lenguaje, te ayuda a ser resiliente. Siete años después pude contactar a estas mujeres y seguían siendo fuertes, funcionales, seguían manteniendo su fe y siendo productivas, aunque se les habían presentado otras dificultades en sus vidas, ellas continuaban hacia adelante.

Creo que también el ser elegidas para este estudio reforzó su capacidad de resiliencia, ser vistas como un ejemplo pudo haber ayudado a que ellas se sintieran tomadas en cuenta por su resistencia, por su persistencia en la fe, por su capacidad de resiliencia.

CAPÍTULO SEIS

CASOS DE LA VIDA REAL

Siete Mujeres que Han Seguido Adelante sin Importar las Adversidades

A continuación, les presento el caso de cada una de estas mujeres, desde su infancia hasta su adultez, con todas las dificultades que tuvieron que atravesar, cómo la fe les ha ayudado a mantenerse de pie y seguir hacia delante, como fue su vida siete años después de esta investigación, y cómo es en la actualidad once a años más tarde.

En la investigación se estudió el caso de siete mujeres que a pesar de las adversidades que han atravesado en sus vidas han podido sobreponerse. Los datos aparecen presentados de acuerdo con los instrumentos de investigación utilizados con cada una de las personas de la muestra escogida.

. . .

Uno de los instrumentos utilizados es un cronograma; este es un listado de eventos importantes que marcaron positiva o negativamente a la persona. También se utilizó una entrevista que contiene preguntas abiertas relacionadas con las variables de la investigación. Con la finalidad de respeto y confidencialidad, los nombres de las personas han sido omitidos y se les ha asignado un número. Los datos sociodemográficos fueron tomados al momento de la entrevista, en el año 2011.

Mujer Resiliente Número 1

Edad: 35 años
Estado Civil: Casada
Nivel ocupacional: Técnico
Tiempo practicando la fe: 16 años

Ella cuenta que a los cinco años de edad fue acosada sexualmente por un hombre, nunca nadie hizo nada por ella para defenderla, cuando se lo contó a su madre, la golpeó y la llamó mentirosa. Esos primeros años de su infancia fueron muy difíciles y dolorosos.

A los ocho años de edad emigró a un país extranjero en el cual estuvo como indocumentada y fue víctima de discriminación racial. Cuenta que tuvo la buena suerte de que al hogar donde llegó la inscribieron en la escuela, tenía que ir descalza a la escuela porque no tenía zapatos, sus compañeros de la escuela se burlaban de ella por andar descalza, pero ella para disimular les decía que andaba así porque no le gustaban los zapatos.

Los niños son muy sinceros pero a veces su sinceridad los hace parecer crueles, es duro tener que ir a la escuela descalza por no tener zapatos y fingir que le gusta andar así, la capacidad de resiliencia de esa niña la ayudó a protegerse de esa manera, ocultando su realidad, pues así podría ir a su escuela cada día la cual también le servía como escape, donde podía jugar divertirse y reír, ya que cuando estaba en la casa debía estar siempre haciendo los quehaceres del hogar, ósea que su lugar de diversión era la escuela.

A los nueve años de edad conoce la fe cristiana, y visita con los familiares la iglesia, lugar en el cual encuentra apoyo espiritual y esperanza de cambio para su situación de vida. En ese mismo tiempo conoce una maestra que le brindaba mucho amor y cariño y se sentía protegida. Muchas personas en la vida de los niños funcionan como fuente de alimento para la resiliencia, pues el solo hecho de tener a alguien que se preocupe por ti, que te dé una palmadita en el hombro, o que simplemente te dé una sonrisa de aprobación, puede ayudar a resistir un poco más.

A los catorce años fue víctima de abuso sexual del cual obtuvo un embarazo, le practicaron un aborto a sangre fría en contra de su voluntad, dice que fue muy doloroso para ella, fue horroroso sentir todo lo que le estaban haciendo, y todo para cuidar la imagen de la familia, para que nadie se diera cuenta de esa violación. Ella cuenta qué cuando le practicaron este aborto se sentía sucia, se sentía mal, sentía culpa porque entendía que quitarle la vida a una criatura inocente no era lo correcto.

Cuando las familias se preocupan más por mantener su equilibrio y su imagen ante la sociedad, y descuidan la salud física y emocional de sus integrantes, sufren mucho. Es más necesario preocuparse por el bienestar espiritual y emocional de la familia, qué preocuparse por el qué dirán, no debemos avergonzarnos por las situaciones familiares, cada familia tiene su propia realidad, cada familia tiene su historia, lo importante no es qué tipo de situación esté viviendo la familia, sino cómo pueden salir adelante y cómo pueden apoyarse el uno al otro.

Está joven luego de lo que le había pasado, se embaraza a los diecisiete años de edad de su novio, se casó con él, quien le sirvió de apoyo, la cuidaba y la amaba. Aunque ella se casó con él solo para salir de su casa, y no vivir más como esclava por los muchos quehaceres del hogar, se sentía mejor viviendo con él, tuvieron hijos, pero luego él murió, y ella quedó viuda muy joven y con hijos muy pequeños. Ella se había preparado académicamente con la ayuda de su esposo antes de que él falleciera, con lo que aprendió, siguió trabajando y criando a sus hijos.

Con todo y esas adversidades que ella pasó en su vida siguió adelante, cuidando de sus hijos y ayudando a todas las personas que necesitaban de su apoyo. Ella cree que sus hijos son un regalo de Dios, también decidió guiar a su familia en el camino de la fe en Dios, pues es la fe que la ha ayudado a mantenerse de pie en la vida.

Siete años después de la investigación

Cuando contacté esta mujer siete años después de nuestra primera entrevista, pude confirmar que su vida sigue siendo muy productiva y que su fe había crecido aún más, su pasado no ha sido obstáculo para ella seguir adelante, aun las nuevas dificultades que ha enfrentado no han sido lo suficientemente efectivas para derribar su fe, ella sigue levantándose en cada dificultad. Le gusta ayudar a quien necesita su apoyo, comparte la fe con los demás, y los anima para que sigan adelante.

Once años después de la investigación

Once años después de la investigación, esta mujer sigue con su fe en alto, con el pasar de los años ella ha seguido creyendo que la fe en Dios es su principal fuente para creer que se podrá levantar en cada caída y seguir adelante.

Mujer Resiliente Número 2

Edad: 49 años
Estado Civil: Soltera
Nivel ocupacional: Doméstica
Tiempo practicando la fe: 27 años

Desde su nacimiento su madre le enseñó la fe cristiana, los valores como el respeto, la honestidad, le enseñó cómo hablar con Dios y tener confianza en Él, la llevaba a la iglesia, le daba mucho amor, confianza y protección, fueron buenas compañeras hasta el final. Cuando los niños aprenden algo durante sus primeros años de vida, es más probable que permanezca en su memoria, más aún si son actividades agradables, como ir a la iglesia a participar de las actividades, aprender sobre un Dios que te cuida y te ama.

A los once años de edad su madre murió, ella quedó cuidando a sus hermanos pequeños, el padre comenzó a cambiar (agresivo, maltrato físico, verbal y económico). El padre siempre fue muy rígido y la familia muy conflictiva; los hermanos peleaban mucho. A los quince años de edad su padre la echó de la casa muy tarde de la noche y la amenazó de muerte con un cuchillo. Ella cuenta que un familiar la toco mientras dormía molestándola sexualmente, pero ella tuvo miedo de hablarlo a la familia, pues temía que la golpearan como castigo, ya que ese era el método de disciplina que usaban los adultos con los niños.

A los diecisiete decide continuar con los valores que le enseñó su madre (la Fe cristiana), entonces recibe apoyo de la iglesia y de algunas personas que le rodeaban, y dos tías que hasta el momento mantienen una muy buena relación de confianza afecto y cariño.

Tenía que trabajar en casas de familia, estudiar y cuidar a sus hermanos, vivía mucho estrés, hasta tal punto que tuvo una depresión y debió ser intervenida por especialistas de la salud mental.

A pesar de lo que vivió ella se considera una persona honesta, sincera, amigable y responsable, le gusta ocuparse de los demás, ama a su familia, a su prójimo y le gusta cuidar a los niños y ancianos. Considera que su vida es muy buena porque tiene a Dios en su corazón y él ha curado sus heridas, ya no vive en el pasado y puede disfrutar de la vida.

La relación con su familia y amigos la considera buena porque siempre está compartiendo con ellos. Cuando se trata de confianza, los demás le confían sus secretos y problemas. Saca tiempo primero para sus asuntos personales, su familia y luego sus amigos.

En situaciones estresantes le pide a Dios, lo piensa y luego resuelve las cosas en orden de prioridad. Cuando llegan situaciones dificultosas a su vida, busca ayuda en Dios y en los demás.

La fe se ha manifestado en su vida de manera especial y le ha ayudado a crecer como persona a pesar de las dificultades y puede ayudar a otros. Ha sentido el apoyo de la Iglesia en momentos difíciles y de festejos, comparten con ella en todo momento; económico espiritual y emocional. Las situaciones de su vida le han ayudado a valorar la familia, y a amar a Dios.

El reunirse y compartir con personas que practican la fe cristiana al igual que ella ha sido un gran apoyo. Cuando personas que comparten la fe se apoyan el uno al otro, esto sirve como una palanca para levantar al que está al lado, pues se fortalecen el uno al otro con sus testimonios de vida, dándome fortaleza.

Siete años después de la investigación

Esta mujer, siete años después de la investigación, sigue caminando en fe, aun con dificultades en su salud, sigue creyendo que Dios tiene control de todo en su vida. Enseña la fe a los niños de las calles, también orienta a las madres para una buena crianza para los niños, ella no tiene hijos, pero es una buena consejera para las familias, pues con su experiencia de vida ella ayuda para que no se repita la historia que tuvo que vivir.

Once años después de la investigación

A pesar de todas las dificultades que esta mujer tuvo que atravesar en su vida, como ya hemos visto, abusos, violencia, problemas económicos, problemas de salud y problemas emocionales, ella decidió seguir hacia delante teniendo fe en que su futuro iba a ser diferente y mejor. Once años más tarde ella continúa trabajando para seguir hacia delante, hoy ayuda a los niños que están siendo víctimas de abuso, de violencia, de malos tratos, ella les da la mano espiritualmente, emocionalmente y en muchas ocasiones económicamente, muchos de los niños a los que ella ayuda hoy son jóvenes que han marcado la diferencia en sus familias, pues ella se ha dedicado a enseñarles la fe cristiana. Es una mujer muy admirada por su fe y su amor a Dios, muchas personas la buscan para escuchar sus consejos y sus oraciones.

Mujer Resiliente Número 3

Edad: 33 años
Estado Civil: Soltera
Nivel ocupacional: Técnico
Tiempo practicando la fe: 5 años

Fue una niña no deseada, hija de una adolescente de 15 años de edad. Su madre la abandonó y la dejó con su padre y este la abandonó con su madrastra. A la edad de cuatro años fue abusada sexualmente, aunque no tenía conocimiento de lo que le había pasado, sabía que era algo malo.

La madrastra, a quien le llama madre, es la que le enseñó la fe cristiana, la llevaba a la iglesia y esto le ayudó a ver la vida de otra forma y a tener una esperanza de cambio, de esta madre recibió apoyo y cariño, el cual se mantiene hasta el momento.

A los siete años le relata a alguien el abuso sexual que sufrió y terminó siendo abusada nuevamente por la persona en quien buscaba ayuda, no quiso contarlo a nadie más. A los nueve años de edad es cuando comprende que es un abuso sexual, entonces no permite que nadie más toque su cuerpo. A los dieciséis años de edad se muda con su novio. Y a los diecisiete tuvo su primer hijo.

No mantenía una relación adecuada con sus padres, producto del abandono. Sufrió muchas situaciones estresantes, abusos, violencias durante su infancia.

Se considera como una persona precavida que aprende de sus errores para mejorar su actitud. Se describe como una mujer luchadora por sus hijos que trata de que ellos no pasen por lo mismo que ella. Tiene una buena relación con su familia, respeta las opiniones de cada uno y cree que es buena amiga y consejera, y sobre todo con un corazón con deseos de perdonar. Cuando se trata de confianza, los demás se comportan con ella con amabilidad y flexibilidad y le tienen confianza. Le dedica su tiempo haciéndoles saber que son muy importantes, a la familia y amigos.

En situaciones estresantes trata de relajarse para pensar y ver a su alrededor qué puede usar para solucionar el inconveniente. Cuando llegan situaciones de cambio en su vida, trata de asimilar el cambio y aceptarlo y luego acciona. Las dificultades que se les presentan en su vida las enfrenta clamando a Dios esperando respuesta y creyendo que los demás no tienen la culpa.

La fe en su vida se ha manifestado primero en poder ser madre de tres hijos saludables siendo madre soltera y poder educarlos sin que su pasado los dañe, practicando el amor hacia su prójimo.

El apoyo que recibe de la iglesia ha sido efectivo en su vida ya que cuando necesita un consejo y apoyo lo encuentra. Aprendió que no importan las circunstancias de la vida siempre habrá una persona que le apoye, y eso le ayuda para apoyar a otros. Con toda esa experiencia del pasado se ha hecho más fuerte para ayudar a otros a levantarse.

Siete años después de la investigación

Siete años después de esta investigación, esta fuerte y valiente mujer aún mantiene su fe en alto, y continúa luchando para guiar a sus hijos en la fe cristiana que tanto le ha ayudado a ella.

Once años después de la investigación

Once años después, continúa manteniendo su fe en Dios, sus hijos ya son jóvenes y aunque algunos de ellos presentaron dificultades escolares, ella buscó ayuda y los empujó hasta que salieron del problema. Ella sigue siendo una mujer alegre, honesta, y muy equilibrada frente a las adversidades. Dios le ha permitido dirigir un grupo de mujeres en el que ha promovido la fe en Dios como principal elemento para el éxito en la vida. Se unió en matrimonio con un hombre cristiano que la ama y la respeta.

Mujer Resiliente Número 4

Edad: 28 años
Estado Civil: Soltera
Nivel ocupacional: Técnico
Tiempo practicando la fe: 12 años

Ella recuerda que desde niña su padre la llevaba a comer helado y le regalaba una flor cuando estaba de cumpleaños, le brindaba mucho amor y cariño y nunca se descuidaba de ella y sus hermanos.

A la edad de seis años muere su padre y la madre la maltrataba física y verbalmente con maldiciones y palabras obscenas. A los ocho años empieza a trabajar recogiendo tomates en los montes para venderlos y comprar lo que necesitaba. Sufrió abuso sexual, maltrato físico y verbal. Desde los nueve años de edad comenzó a vivir en diferentes casas para poder estudiar.

A los trece años de edad entrega su vida a Cristo y comienza a practicar la fe cristiana. En la iglesia a la cual asistía conoció unos extranjeros que le enseñaron el valor de la esperanza, la fe y el amor.

Se considera una persona sincera, honesta y honrada. Le gusta salir, ayudar a los demás, cuidar niños y compartir. Considera que su vida es buena porque tiene lo mejor en su corazón que es Dios, todo lo que tiene se lo debe a Él. Tiene una vida productiva porque trabaja, estudia y le sirve a Dios.

· · ·

La relación con su familia es buena; comparten tienen comunicación y considera que con sus amigos también. Cuando se trata de confianza, las personas le dicen sus secretos y asuntos personales. En primer lugar, dedica tiempo para sí misma, a su familia y luego a los amigos.

Cuando está estresada, le pide ayuda a Dios y Él le da fortaleza y sabiduría para salir de esas situaciones. Acepta los cambios con responsabilidad y se adapta si es necesario. Para enfrentar las dificultades ora a Dios y trata de resolver cada una de ellas. Dice que de los demás no piensa nada porque cada persona tiene sus problemas.

La fe le ayuda a confiar y a esperar lo que no puede ver y le ayuda a alcanzar sus metas esperando con paciencia. De la iglesia recibe apoyo espiritual y moral, cuando está decaída, le da aliento para seguir adelante con la fortaleza en Dios.

Ha aprendido a superar todo con la ayuda de Dios. Ha podido ayudar a muchas personas que se han encontrado en situaciones similares a las de ella; aconsejándoles y contándoles cómo ella ha podido reponerse ante tales situaciones.

Siete años después de la investigación

Siete años después, esta mujer resiliente decidió unirse en matrimonio con su pareja, con el cual procreó sus hijos. Ella sigue siendo diferente a como fue su pasado, no dejando que su pasado controle su presente, ha intentado restaurar la relación con su madre enseñándole también a ella la fe cristiana.

Once años después de la investigación

Once años después encuentro que ella sigue fortaleciéndose en la fe en Dios, levantándose en cada dificultad e instruyendo a sus hijos en la fe cristiana. Es una mujer muy creativa en el diario vivir, no se queda ahí sentada esperando que las cosas sucedan, ella usa su creatividad para apoyar económicamente a su marido en el hogar y para que sus hijos tengan el sustento que necesitan, sobre todo se preocupa de que en su hogar se le dé prioridad a la fe en Dios.

Mujer Resiliente Número 5

Sexo: Femenino
Edad: 49 años
Estado Civil: Casada
Nivel ocupacional: Profesional
Tiempo practicando la fe: 24 años

Desde su nacimiento el padre siempre maltrataba a su madre verbalmente, la relación con este no era buena, y no podía decirle nada porque le temía. A los doce años de edad logra ingresar al politécnico, el cual le abrió un mundo de posibilidades y pudo graduarse de la secundaria.

Con su padre en el hogar nadie tenía una buena relación, solo de respeto; "Sí, señor, no, señor" o "Oh, Dios, es la hora de papá regresar a casa, vuelve el infierno". Sufrió pobreza y abusos verbales por parte de su padre. Cuando iban contentos a enseñarle las calificaciones porque habían sido promovidos en la escuela, él decía que pasaron de un asiento a otro y que eran unos analfabetos.

A los catorce años de edad el padre la abandonó a ella y su familia. Uno de sus hermanos se hizo adicto a las drogas desde los doce años de edad, éste sufrió una enfermedad mental aguda incontrolable a consecuencia de las drogas, ella le pidió a Dios que sanara a su hermano, el milagro sucedió como ella lo esperaba, luego su hermano fue estable y libre de las drogas hasta la fecha de hoy, esto aumentó su fe y la de su familia.

A los dieciséis años de edad tuvo que trabajar para ayudar a su madre a mantener la casa, a los dieciocho ingresó a la Universidad. y a los veinticuatro se gradúa de licenciada en educación, para ella esto fue un gran logro, pues lo logró bajo muchas dificultades y bajo mucho esfuerzo por la situación económica y emocional que vivía en su hogar.

A los veinticinco años de edad Dios llegó a su vida cuando estaba más perdida por los problemas familiares, es cuando comenzó a practicar la fe cristiana y recibió gran alivio en su situación. A los veintisiete años de edad se casa, virgen con velo y corona, por la Iglesia, como lo soñó. Dicho matrimonio se mantiene estable, con una relación de amor, cariño, respeto, y comunicación adecuada desde hace veintitrés años. La relación con su madre ha sido muy buena hasta la actualidad, siempre han sido compañeras y amigas en el camino, siempre juntas enfrentando los problemas.

Ella se considera como una persona inteligente, luchadora, buena hija, compasiva, seria, buena esposa y madre, organizada y triunfadora. Considera su vida un milagro y regalo de Dios por su esfuerzo. Mantiene buena relación con sus amigos de la infancia y se llevan muy bien. Con su familia cree que la relación es buena y trata de ayudarle con todo lo que puede. Siente que goza de la confianza de sus amigos y familiares. Dedica mucho tiempo a su familia y amigos.

Desde que es cristiana, cuando se le presentan situaciones estresantes, consulta con Dios, ora y ayuna. Una que otra vez se acerca a alguna amiga que considere confiable. Cuando llegan situaciones de cambio a su vida, le ora al Dios del cielo y empieza a conducirse un poco cautelosa pero mejor.

Cuando enfrenta dificultades, a veces se turba, pero después de conocer a Jehová se sumerge en Él y sigue hacia adelante. Si alguien más está formando parte de la dificultad, ora a Dios por esa persona. La fe se ha manifestado en su vida como la luz más grande que llegó a su vida en un momento de mucha oscuridad, problemas y tristeza. Ha sido lo mejor que le ha pasado, nació de nuevo.

Del apoyo que ha recibido en la Iglesia puede decir que todos la aprecian. A veces sus hijos le dicen que alguien le ha comentado su admiración por ella y su fe y todo lo que Dios ha hecho con ella y su familia, su mejor apoyo dice que lo recibe de Jesús. A pesar de todas esas adversidades, dice que aprendió que, aunque se corten todas las flores, no se puede impedir la primavera.

A través de su experiencia puede ayudar a otros a fomentar la fe y la esperanza en sus vidas, que comprendan que si se esfuerzan pueden obtener su objetivo. Siempre mantuvo la fe de que al final del túnel había una luz.

Siete años después de la investigación

Siete años después de la investigación, esta poderosa mujer sigue siendo igual o quizás más fuerte en su fe, es maestra en la iglesia en la que transmite esa poderosa fe a todos los que la rodean, es una mujer ejemplar en su manera de vivir y tiene hijos que aman a Dios, aún sigue casada con ese hombre de su juventud, y juntos crecen en esa fe en Dios cada día.

Once años después de la investigación

Once años después esta mujer mantiene su fe en Dios como el primer día, tiene una familia hermosa y continúa su matrimonio que en la actualidad tienen casi treinta y cinco años de casados y enseñan la fe cristiana a sus nietos, siguen predicando que la fe en Dios es lo mejor para vencer las dificultades en la vida, en cada dificultad que se les presenta, ellos acuden a su fe en Dios.

Mujer Resiliente Número 6

Sexo: Femenino
Edad: 44 años
Estado Civil: Casada
Nivel ocupacional: Técnico
Tiempo practicando la fe: 20 años

Ella cuenta que desde los cinco meses de nacida se enfermaba mucho. A los cuatro años de edad falleció su padre. Su madre tenía otra pareja que nunca le dio cariño y la rechazaba. A los trece años se mudó con su novio, se sentía apoyada por él, lo amaba, sin embargo, la madre de ella se opuso, la buscó y la llevó de vuelta a su casa. A los catorce es cuando conoce de la fe cristiana y esta le ayuda a sobrepasar las dificultades y a reponerse con esperanza.

A los quince años de edad se vio obligada a abandonar la escuela porque un profesor la acosaba; le decía que si no era su novia, la iba a reprobar. A los veinte años la abusaron sexualmente y sufrió mucho.

Con la madre mantiene una buena relación hasta la actualidad. Ha sido su apoyo en toda su vida y siempre la ha cuidado en su infancia. Siempre se preocupa por ella. Tiene una amiga que le ha brindado apoyo incondicional a la que le cuenta sus asuntos privados y la escucha. Con su padrastro tenía una relación de rechazo, dice que éste no quería saber de ella. Sufrió mucho en su vida, con todas las cosas que vivió, entre estas ver a su madre llorar con sufrimiento.

Se considera una persona conservadora, cariñosa, le gusta escuchar. Se describe como una persona sencilla, humilde de corazón, compasiva con los demás. Considera su vida como un milagro de Dios porque ha pasado por muchas situaciones de tristeza.

La relación con su familia y amigos es muy buena. La familia busca su consejo y la admira por su forma de ser. Cuando se trata de confianza, sus amigos le tienen confianza y la tratan bien y da gracias a Dios porque ella trata de ser fiel con todos. Pasa buen tiempo compartiendo con su familia y amigos y la pasan bien.

En situaciones estresantes se desenvuelve al paso, sin mucha prisa porque dice que Dios es quien tiene el control y trata de encontrar la salida. Cuando llegan situaciones de cambio a su vida, en ocasiones se siente derrotada, pero piensa en Dios y espera con una nueva esperanza. La fe en Dios es su todo, dice ella: "sin Dios la vida fuera sin sentido". Ha recibido apoyo espiritual y moral de la Iglesia.

Ella dice que las experiencias le ayudaron a comprender a otros y a ponerse en su lugar y darles buenos consejos y tratarlos con amor.

Siete años después de la investigación

Esta mujer sigue manteniendo su fe, aun en medio de las dificultades, sigue con esa sonrisa y alegría que la caracteriza y aunque su familia sigue creciendo, ella sigue enseñándoles la fe a todos.

Once años después de la investigación

Ella se mantiene firme en la fe en Dios, es una mujer muy alegre, ella ha guiado a su familia a seguir la fe en Dios, en cada dificultad que se presente en su familia, deposita su fe en Dios y ha podido seguir adelante.

Mujer Resiliente Número 7

Edad: 48 años
Estado Civil: Soltera
Nivel ocupacional: Profesional
Tiempo practicando la fe: 17 años

Cuando ella tenía cuatro años de edad, sus padres se fueron a la capital del país para buscar una mejor vida, la dejaron a ella y sus siete hermanos solos en un campo. No tenía comunicación con los padres, ni le dieron explicaciones antes de dejarla a ella y a sus hermanos.

A los siete años de edad llegó a la ciudad capital con sus hermanos y continuaron pasando dificultades económicas muy extremas; una amiga le daba alimentos y transporte de vez en cuando para ir a la escuela. Vivían una pobreza extrema; vivían en una habitación muy pequeña, con el piso de tierra y ahí dormían, en el suelo, no tenían qué comer y recibían mucho maltrato físico y verbal. La esposa de su tío la apoyaba y la ayudaba con los quehaceres, se sentía muy bien con ella, también una maestra de la escuela le brindaba ayuda en muchas ocasiones de precariedad.

A los catorce años de edad conoce a su novio, pero sus padres le pusieron como condición terminar sus estudios antes de casarse. A los veinticuatro años de edad concluye la universidad y ese mismo año se casa con su novio. Tuvieron hijos, pero luego de unos años el matrimonio fracasó, ella siguió adelante con sus proyectos de vida y su preparación académica, llegó a ser una mujer muy exitosa, de negocios en su comunidad y admirada por muchos.

Ella se considera una persona amorosa, respetuosa de los demás. Se describe como una persona a la que le gusta enseñar a los demás, especialmente a los niños. Considera que su vida es alegre, productiva y buena en general. Considera que la relación con la familia y amigos es muy buena. Cuando se trata de confianza, las personas le cuentan sus problemas para que ella les dé su opinión, sugerencias o consejos. Cree que el tiempo debe ser compartido para todos. En situaciones estresantes primero ora a Dios y luego se acerca a alguien de confianza que sea cristiano. Cuando llegan situaciones de cambio a su vida, actúa de acuerdo con el tipo de cambio que sea. Enfrenta las dificultades actuando directamente.

Cree que los demás no siempre se sienten en la obligación de ayudar ya que el amor se está perdiendo en la gente. La fe se ha manifestado en su vida a través de la provisión, salvación y sanidades físicas, espirituales y emocionales.

El apoyo que recibe de la Iglesia dice que ha sido incalculable porque las oraciones que hacen por ella son valiosísimas, también ha recibido apoyo económico y espiritual. A través de todas las experiencias en su vida, aprendió a valorar a sus padres, a perdonar y se ha encontrado con personas que están pasando por la misma situación que ella pasó, y ha podido apoyarlas.

Siete años después de la investigación

Siete años después de la investigación, esta mujer sigue practicando la fe cristiana, le gusta enseñar a adultos y niños, es una maestra que se preocupa por el bienestar de sus alumnos, se interesa por el bienestar de su familia, y siempre le gusta usar su creatividad para salir adelante.

Once años después de la investigación

Once años más tarde, ella sigue con su fe bien fuerte, y enseñando a otros para que su fe crezca y puedan salir de situaciones difíciles como las que tuvo ella.

CAPÍTULO SIETE

LA FE

Como mencione antes, de acuerdo con la biblia que es la palabra de Dios, la fe es la certeza de lo que se espera y la convicción de lo que no se ve, esto lo dice en Hebreos capítulo 11:1

La fe no es una simple palabra, la fe es una acción que se siente, y casi la puedes palpar, aunque no lo veas, es la seguridad de lo que estás esperando, que, aunque es imposible tú crees que lo tendrás en tus manos, aunque no ves lo que estás esperando, aunque no lo tienes en tus manos estás convencido de que lo recibirás, es un convencimiento definitivo de que lo tendrás en tus manos. Es como cuando estás en medio del mar donde no ves ni un poquito de tierra para salvarte, pero pasa ese barco, y tú no sabes cuál es su dirección, cuál será su destino, pero confía en que te llevará a tierra firme. Aunque no sepas hacia dónde vas, estás convencido de que te llevará a un lugar seguro.

Cuando tienes fe sientes un sustento que, aunque no sabes de dónde viene, se convierte en una fortaleza que te hace sentir seguridad y bienestar, aún en medio del dolor, de la tristeza puedes sentir esa esperanza y cerrar tus ojos y visualizar ese futuro que será glorioso.

La fe te da fuerzas para dar cada paso, para levantar los pies en cada tropiezo. He podido observar en muchas personas que su fe les ayuda a aumentar su creatividad, en vez de usar sus pensamientos para recordar su derrota para sentir desesperanza, angustia, miedos, y temores, usan sus pensamientos para reinventarse, para buscar la manera, el camino correcto y ser personas más productivas.

Cómo dice la palabra de Dios; nuestra fe puede ser como un granito de mostaza, y solo con un poquito de fe podremos mover montañas. Claro que ese poquito de fe debemos hacerla crecer cada día, alimentarla con esperanza y ponerla en práctica en cada momento, pues, así como un granito de mostaza es tan pequeñito y llega a ser un árbol tan grande, tan frondoso como dice las escrituras, que los pájaros hacen nidos sobre ella, así debe ser nuestra fe de grande, qué cada día al crecer arrope a los que están a nuestro alrededor, que podamos servir de sombra para otros.

¿De Dónde Viene la Fe?

La fe es un don, un regalo de Dios. La Biblia nos habla en primera de Corintios sobre los dones espirituales, y la fe es citada como un don de Dios, no viene de los humanos, la fe viene de Dios.

Dice Hebreos 12:2 puestos los ojos en Jesús, el autor y consumador de la fe. Debemos poner nuestros ojos en el autor de la fe, no mirar hacia los lados, solo mirarlo a Él, no debemos distraernos con los elementos que aparecen en el camino, podríamos tropezar y caer, vamos a mirar fijamente hacia el autor y el consumador de la fe, alimentando cada día nuestra esperanza y depositándola en El, porque solo en El hay salvación y vida eterna.

Dice Romanos 10:17 Así que la fe es por el oír, y el oír, por la palabra de Dios. Entonces la manera que podemos adquirir fe es a través de la palabra de Dios, mientras más escuchamos y escudriñemos la palabra de Dios nuestra fe seguirá creciendo, pues la fe no debe quedarse solo como un granito de mostaza, debe ser alimentada cada día para que pueda crecer y expandirse para alcanzar a otros. Dice en el libro de Mateo que este evangelio del reino debe ser predicado en todo el mundo para testimonio a todas las naciones y entonces vendrá el fin, debemos predicar de nuestra fe en Dios para que otros sean salvos

La Oración Fortalece la Fe

A través de la oración podemos hablar con Dios, ese es un medio a través del cual nuestra fe puede crecer, a través de la oración es como presentamos nuestras peticiones a Dios en el nombre de Jesús. Estudios científicos han demostrado que las personas que oran sufren menos ansiedad y depresión, también las personas que oran descansan mientras lo hacen, dicen estudios científicos que las personas que oran se sanan más rápido de enfermedades, y en ocasiones de manera inexplicable, a esto llamamos milagros divinos.

La oración no debe ser solo hablarle y pedirle a Dios, debe ser dirigida a tener intimidad con Él, desear estar con Él, descansar depositando nuestras ansiedades en Él como dice su palabra, porque Él tiene cuidado de nosotros. Es por fe que oramos, pues hablamos con alguien que no podemos ver, pero como el aire, a Dios no lo vemos, pero lo podemos sentir. Cuando hablas de tus problemas solo te desahogas y te sientes mejor, entonces hablar con el autor y consumador de la fe es todavía mucho mejor, pues no sólo te desahogas, sino que también recibes paz y refrigerio.

Cuando ores, hazlo creyendo y no dudando. Dice Santiago 1:6 Pero pida con fe, no dudando nada; porque el que duda es semejante a la onda del mar, que es arrastrada por el viento y echada de una parte a otra.

CAPÍTULO OCHO

ALGUNAS MUJERES DE FE EN LA BIBLIA

Ester fue llevada cautiva, y esta mujer, aun viviendo como extranjera en un lugar que no era su tierra, tuvo que ser resiliente, tuvo que usar su fe y su creatividad hasta tal punto que no se salvó ella sola, sino que también salvó a su pueblo, siendo extranjera, se convirtió en reina.

Cuando se vio en problemas oró a su Dios y ayuno y le pidió a su pueblo qué ayunara con ella, no se dio por vencida, hasta su vida en un momento quedó expuesta cuándo se acercó al rey, pero este le extendió su centro y la vida de Ester fue preservada, Ester fue una mujer de fe, atrevida pero prudente, no se quedó ahí solo esperando que otros la salvaran, ella puso su fe en acción y Dios la ayudó.

Sara

Sara una mujer estéril, que aparte de su esterilidad, ella y su esposo eran de muy avanzada edad, ya no había esperanzas para tener hijos, pero Dios le había dado una promesa, y esta mujer creyó a la promesa que Dios le había hecho, solo por la fe esta mujer podía creer y esperar lo que iba a recibir, no había otra manera para creer, la ciencia y su avanzada edad ya indicaba que era imposible.

Aunque hubo momentos de debilidad de desesperación, pero, a todo el ser humano le pueden llegar estos momentos, lo importante es mantener la fe y levantarse en cada caída, ella tuvo en cierto momento debilidad, pero siguió creyendo hasta alcanzar lo que Dios le había prometido, Cómo dice en hebreos 11 por la fe también la misma Sara siendo estéril recibió fuerza para concebir y dio a luz aún fuera del tiempo de la edad porque creyó que era fiel quién lo había prometido.

Rahab

Hebreos 11:31 Por la fe Rahab la ramera no pereció juntamente con los desobedientes, habiendo recibido a los espías en paz. Me llama mucho la atención que esta mujer, siendo una ramera, siendo rechazada por muchas personas, tuvo fe y fue obediente, ella no pensó en su condición, sino en lo que quería y necesitaba alcanzar.

. . .

Esta mujer tuvo fe en un Dios que ni su familia le creía, pero ella fue valiente al creer en ese Dios que le contaron que podía salvarla a ella y su familia, si ella se quedaba tranquila como los demás, esperando que las cosas pasaran, hoy no estuviera como ejemplo de fe en la Biblia, y más aún en la genealogía de nuestro señor Jesucristo, ¡Qué lindo! Esto nos enseña que no importa nuestra clase social, nuestra cultura, o nuestra posición económica, cuando Dios quiere usarnos para su gloria y para su honra nada lo detiene, solo debemos tener fe y un corazón dispuesto a servirle en espíritu y en verdad.

Ana

Ana era una mujer estéril, (de la que se burlaba Penina, (la otra esposa de su marido Elcana) que se sentía triste por no poder tener hijos, Ana iba todos los años a adorar al templo, pienso que cada vez que ella iba y le pedía a Dios se concentraba en su dolor en su desgracia de ser estéril. Entiendo que no es fácil, cuando otras podían tener hijos y ella no.

Más sin embargo, su vida cambió cuando en vez de seguir llorando por las burlas, decidió derramar su alma delante de Dios con fe. Ya no se concentró más en el dolor sino en la esperanza de que Dios podía hacer el milagro en su vida. Aún ella habiendo obtenido lo que deseaba no lo tomó para sí misma, sino que dedicó aquel niño a Dios, las cosas cambiaron cuando ella dejó de pensar en su propio bienestar y dejó de sentirse como una desdichada. Ella tuvo fe, se levantó y dedicó a su hijo a Dios.

Ruth

La historia de Ruth es una historia de amor y compromiso, Ruth aún perdiendo a su marido decide quedarse con Noemí su suegra a quien le dijo: dondequiera que tú fueres iré yo y dondequiera que vivieres viviré, aun estando en escasez y en hambre, Ruth decide quedarse con Noemí su suegra.

Pero esta no se quedó en condición de víctima para morir de hambre, salió al campo a recoger espigas de las que dejaban caer los trabajadores para alimentarse ella y su suegra, Dios puso gracia en ella, pienso que era una mujer de fe y valiente, terminó casada con un hombre rico llamado Booz con quién tuvo un hijo llamado Obed el abuelo de David, ella fue probada en su vida pero también tuvo una buena recompensa, un nuevo esposo un hijo y una posición en el linaje real de Jesucristo. Ella decidió creer en el Dios de su suegra y ahí es donde su vida cambió.

Algunas Citas Bíblicas de Fe

Es, pues, la fe, la certeza de lo que se espera,
la convicción de lo que no se ve.
Hebreos 11:1

"Porque por fe andamos no por vista."
2 Corintios 5:7

"Pero pida con fe, no dudando nada; porque el que duda es semejante a la onda del mar que es arrastrada por el viento y echada de una parte a otra."
Santiago 1:6

"Pero sin fe es imposible agradar a Dios; porque es necesario que el que se acerca a Dios crea que le hay, y que es galardonador de los que le buscan." Hebreos 11:6

Fortalece tu fe cada día, sigue creyendo, no desmayes, no te desanimes.

Fe es perder la lógica y el sentido común, la fe va en contra de la razón, es creer que lo imposible es posible en Dios.

CONCLUSIÓN

Ser resiliente no es cuestión de una sola vez en la vida, se trata de levantarse y seguir hacia delante cada vez que sea necesario. El hecho de tener una derrota no quita la posibilidad de que lo próximo sea una victoria. Un fracaso no significa el final de la vida. Un fracaso puede ser el comienzo para nuevas estrategias, pueden surgir cambios de planes para mejores resultados.

Así como las mujeres de fe de la Biblia, y las mujeres que fueron escogidas para este estudio de resiliencia, tú puedes levantarte y seguir hacia adelante, si ellas pudieron tú también puedes, no te limites tú no tienes menos valor que ellas, tú eres una mujer creada por Dios, así como ellas, una mujer a quien Dios ama y valora, pero tú debes creer que tienes ese valor.

Recuerda que lo importante no es cuántas veces hayas caído, lo importante es cuántas veces has podido levantarte. Muchas mujeres esperan por ti, por tu testimonio de cómo has podido levantarte en cada caída, tu testimonio no es una vergüenza, al contrario, es una valiosa herramienta para ayudar a otras mujeres. Sigue construyendo sobre lo destruido y no dejes que nada ni nadie detenga tu levantarte.

> *"Todo lo puedo en Cristo que me fortalece".*
> *Filipenses 4:13*

Esfuérzate y sé Muy Valiente

> *Esfuérzate y sé valiente; porque tú repetirás a este pueblo por heredad la tierra de la cual juré a sus padres que la daría a ellos. Solamente esfuérzate y sé muy valiente, para cuidar de hacer conforme a toda la ley que mi siervo Moisés te mandó; no te apartes de ella ni a diestra ni a siniestra, para que seas prosperado en todas las cosas que emprendas. Nunca se apartará de tu boca este libro de la ley, sino que de día y de noche meditarás en él, para que guardes y hagas conforme a todo lo que en él está escrito; porque entonces harás prosperar tu camino, y todo te saldrá bien. Mira que te mando que te*

esfuerces y seas valiente; no temas ni desmayes, porque Jehová tu Dios estará contigo a dondequiera que vayas. Josué 1:6-9

ACERCA DEL AUTOR

Elizabeth Puello nació en Bonao, República Dominicana, hija de Pelgio Puello y Lina Rodríguez. Está casada con Aurelio Cornielle Arias, con quien ha formado una familia compuesta por tres hijos. Cursó sus estudios superiores en la Universidad Autónoma de Santo Domingo (UASD), donde obtuvo las licenciaturas en Psicología Clínica y Psicología Escolar, así como una Maestría en Terapia Familiar. Además, ha completado diversos diplomados en áreas especializadas de la salud mental. Su trayectoria profesional incluye varios años de servicio como psicóloga en el Hospital Municipal de Villa Duarte, en Santo Domingo, y como terapeuta de aprendizaje en distintos centros educativos. También se desempeñó como terapeuta y profesora de Psicología y Orientación en el Instituto Técnico Superior Comunitario (ITSC).

Actualmente, ejerce como escritora, conferencista y maestra en el Instituto Bíblico Manantial de Vida en New Jersey, donde imparte la asignatura de Consejería Cristiana. Asimismo, está certificada como maestra y psicóloga en el estado de New Jersey. Su labor ministerial incluye la predicación del evangelio, con el firme propósito de guiar vidas hacia la salvación.

Entre sus obras publicadas se encuentran: *Resiliencia*; *Perdón a Través de la Acción*; *Disciplinando con Amor*; *El Silencio No Funciona* (coautora); *Parejas, Conflictos y Soluciones*; *Entre Amigas* (coautora); y su publicación más reciente, *Mujeres Resilientes de Fe Cristiana*.

Para invitaciones: (732) 877-8676 em: elisabethpuello2@gmail.com www.jdnpublications.com

www.ingramcontent.com/pod-product-compliance
Lightning Source LLC
Chambersburg PA
CBHW061804070526
44586CB00023B/2708